Marianne Majsa Andersson

Att sörja tjusigt som på film

Omslag: Marianne Andersson
Förlag: BoD – Books on Demand, Stockholm, Sverige
Tryck: BoD – Books on Demand, Norderstedt, Tyskland
ISBN: 978-91-7785-362-6

En vänlighet behöver ingen ångra

Jag är Marianne Majsa Andersson, född i Linköping 1962
nu bosatt i Hästholmen, Ödeshög.
Arbetar som bildlärare, jag målar och skriver på fritiden.
Den här boken kom till under åren 2016–2019.
Vill tacka, Camilla Linusson som inspirerat mig att skriva igen.
Pernilla Söderberg som uppmanade mig att göra en bok
Krister Blixt vars stöttning och hjälp med boken gjorde att den kom i
tryck.
Tack till mina barn Lili, Adel och Leo för att ni är så underbara.
Tack Linnea Johansson för korrektur.
Tack pappa Karl i himlen och mamma Gunvor på Tegelbruksgatan 20.

Bilderna i boken har jag målat och fotat, utom en teckning av Leith
Abbas och en målning av Krister Blixt, samt ett foto taget av Sara
Teleman då vi var på utflykt till Alvastra Klosterruin

Omodern

Jag älskar spröjsade fönster
röda tunga gardiner
filosofi, konst och
djupa samtal
i natten under höga tak
jag gjorde ett test
hoppades på en
modern diagnos
resultatet serverades på
guldfärgat fat
Mild hysteri !?
det var som en freudiansk
felsägning
vansinnigt roligt
och milt alarmerande

Som i en film

Vet inte, men ibland när jag mår som bäst
är jag liksom med i en film, en italiensk, med ett långt
festligt långbord i motljus på kvällen. Barn, springer och leker,
vuxna skrattar och pratar, någon har just kommit tillbaka.

Det kan också vara en åttiotalsfilm för barn, där det figurerar
konstiga mor eller farföräldrar. Mostrar och fastrar med knasiga
kläder som säger roliga saker. Släkt som skrattar, bullrar och jag
är föräldern som bara självklart finns och ordnar saker. Där
fnittrande glädje blandas med allvar och sensmoralen är
klockren och absolut.

En annan film slutar med att jag hänger familjens tvätt i en
fladdrande bomullsklänning och jag ler för att du kommer hem
och ser glad ut.

Sedan är det jag som går omkring i en långsam kostymfilm
placerad i tiden, 1890 på promenad med mitt vandringsstaffli
och löven prasslar i svag vind, en sol som lyser starkt, vackert.
Där väntar jag på något onämnbart, liksom vilar i tanken,
svävande.

Och så, en engelsk med ett skönt gäng lärarkollegor i ett
fikarum, där svart humor löser de svåraste dilemman.
Längesedan gillade jag sådana där scener som var i filmen
Bonnie and Clyde, roadmovies när vi liksom bara drog iväg mot

ingenstans och allt på samma gång, men de filmerna gillar jag
inte längre.

En favorit är den där med landsortbussen i en 30-talsfilm, som
sakta gungar på avstånd i det mättade sommarlandskapet, med
dig på. Du min fina vän, som kliver av en bit från mitt hus på en
fredagseftermiddag. Returbussen går inte tillbaks förrän på
söndagen. Ingen kan störa och stillhet råder.

Så var det den där scenen i ett franskt drama som censureras
fint, när kameran glider ur bilden, genom en tunn gardin ser man
otydligt min och din kropp, som om allt drömdes.

Ibland när jag mår som bäst är jag med i en film för att liksom
fatta att det händer. Slutscenen glömde jag, då ligger jag och dör
stilla och tänker att livet var mest som en bra film.

Det svarta, hårda var inte med i min egen film. Det var bara
något jag såg på kvällarna för spänningens skull och för att
påminna mig om hur det kunde varit. Lite kontrast liksom, till
allt gulligt. Usch ja.

Jag, som rädd elefant

Någon sa
se rädslan som en myra
bredvid elefanten
men om elefanten är
lite orkeslös och
ramlar i myrstacken
finns det någon
elefant som kan blåsa bort myrorna då?

Nerver

Ni går på mina nerver
men ni, era stackare kan ju inte rå för att
jag lagt dem som
mattor över hela lägenheten

Längtade efter stora rum

rum med högt till tak
att sörja tjusigt i
som på film
men
det är för smått och enkelt
för lätt
på något sätt
havet och himlen
ramlar in i dem
himlen är ju taket
och innanhavet
min lekplats
sorg och glädje
ryms inte i enkla rum
Vätterns siktdjup ska
mätas och stjärnor
ska falla däri
igen och igen
och igen och
igen och igen

Vackrare

När någon går dit
vi inte vet något om
blir ibland himlen lite
vackrare än vanligt
som om himlen vet något

Lita på gryningen

Att älska livet det råa oslipade härligaste livet
där sårbarhet och ojämna kanter river oss
då vi förädlas och blir vackrare
Det går inte säger vi när alla dagens
måsten tränger på, jag hinner inte
Men de måsten vi ger oss och de regler vi tror på kladdar ner
och gör tanken och processen grumlig och oklar
Regler ska följas och instrumenten ska kalibreras
mot den allmänna tankesfären
Sådär går väl inte att göra, så här är bra och
bättre säger de ovetande veka
Undrar och blundar, gissar och dissar
gör vi, om och om igen
Enkelheten förloras i smolket av otydligheter
Titta bortom horisonten, stanna där i viljan att lyssna och leva
och glöm dig, göm dig
i skymningslandet, hämta kraften att våga i det stilla tysta ljuset
Lita på gryningen
Du gnistrar i delarna hos olika människor
du letas upp, du glöms bort, du uppfinns igen
Du är älskad av någon av några du t.o.m. glömt
Du lever så länge du lever
var inte rädd för det råa livet det ska serveras och förädlas.
Du är en oslipad diamant där skymningen och
gryningens ljus ska brytas igenom

Du är den enda

Stanna och lyssna
på vinden som vet att det är
bara du som hör det du hör

Innanför murarna viskar de älskade döda ljudlöst.
Lev men glöm inte andas, luft och vind ska
ge syre åt tankarna

Du springer iväg från dig själv har vi sett
Vi som fanns före hade inte lika bråttom
och nu längtar vi aldrig ljuvligt mer

Men då och då har vi dig nära för alltid
och ändå inte och vi älskar tyst i minnet
Spring inte bort dig i morgondagen

Lyssna på vinden och se dina
solstrålar som återkommer varligt
Vinden sjunger för dig och solen lyser på dig
även då du springer runt i cirklar

Stanna kvar hos dig själv
så kan du finna vilan överallt
Du är den enda du alltid har
Så säkert och klart som att klockan går

En bra dag

Jag fick visa körkortet
härom morgonen, tidigt
vid infarten
till den stora staden
Jag var på väg till min dotter
för att se mitt nya barnbarn

Det var lite grått och tråkigt sådär som det
är ibland om man ska tänka vädermässigt

Rutinkoll var det, den unga polisen var
uttråkad, det såg man
Jag sa, ser du SvampBob Fyrkants fru där på kortet?

Snabbt glatt leende, sedan proffsigt, tack
Ha en trevlig dag
Det var en bra
början på en underbart mulen dag

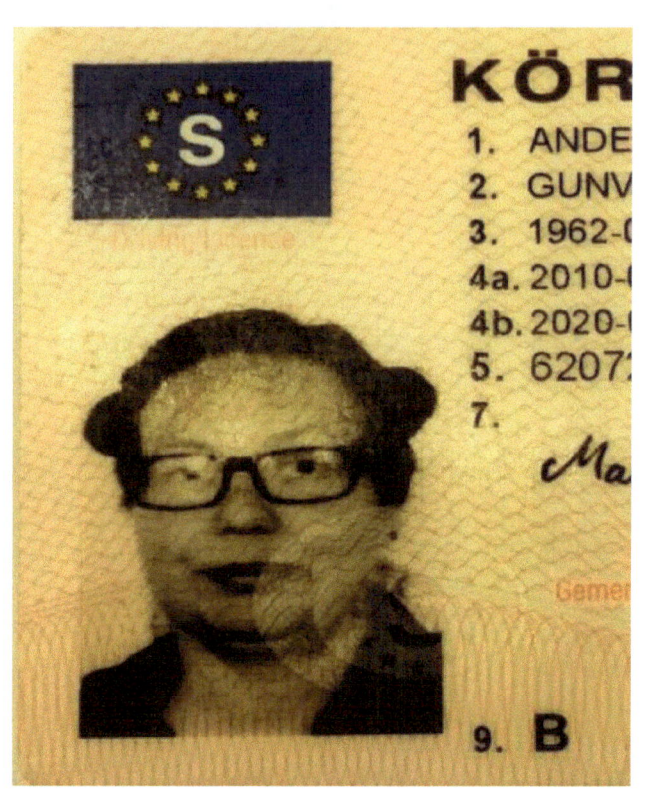

KÖR

1. ANDE
2. GUNV
3. 1962-0
4a. 2010-0
4b. 2020-0
5. 6207
7.

Gemer

9. B

Första sommardagen

Just som han lyfte upp det stora bordet
ett tungt utebord
ett sådant, vackert, gjort av grova grenar
Just som han stapplade iväg
och höll på att snubbla
Det var tungt och han var något berusad
sista arbetsdag, första sommardagen
firat hade han
med arbetskamraterna Just som han bar
det tunga för att klättra upp och hänga
sin lilla dotters, gunga
Just då såg jag kärleken mellan oss för första gången
den hängdes upp i luften så synlig för mig
först blev jag rädd när han höll på att tappa
det tunga
sedan trygg han balanserade det
och gungan
Den tog mig högt upp i himlen
över det gröna gräset
och vinden susade omkring mig
när jag svävade upp och ner
tyngdlöst är minnet

Ringblommor

När jag frågade min far, vad är det för planta där? Då svarade
han alltid, Njae ja Jo nja ehhh mmhhm… ringblomma, varje
gång. Undrat över detta, som var lite kul. Han som var så säker
på allt. Nu är han borta och minnet får mig att le och skratta
åt min lustiga far. Skönt att allt inte var självklart, att det fanns
mystik i vårt prat.
För visst visste han såklart? Det var väl ett skämt så rart.

En vän berättade nyss om sin far som odlade samma blomma
försiktigt, de slog inte ut där han ville, trots den finaste
ambition. Det blommade istället med kraft i drivor vid ån där de
bodde. De frösådde sig vilt och levde ett eget liv på ställen som
var menat för nyttigare saker än blommor till pappans förtret.
Han var säkert en man av den där förståndiga typen, liksom min
far som ville styra, planera och se sin plantering i prydliga rader.

Nu, förstod jag varför far inte visste vilka plantor de var. Jag tror
det är något viktigt att veta. Känns som att delar av mysterier är
lösta. Ringblommor envisas med att växa där de vill, trots
noggrann tanke och planering. Något om viljan att göra sitt
finaste bästa, då när fäder talade med händer och arbete med
jord. Och ni, visst är det märkligt med blommor och sådant vi
skojar och viftar bort. Min guddotter sa, den betyder varaktig
kärlek, tom med evig sa hon, till mig när hon gjorde en tatuering
med blommor på sin kropp. Kärleken till blomman var
morfaderns, nu ärvd. Han, vars arbetsliv kretsat kring blommor,
blommor och blommor.

En drömlik plats

En gång ett hus på lagom stor tomt
buskar, stora träd, odlingssängar, rabatter, jordkällare
hemliga ställen att gömma sig på
Far, byggde, lagade, odlade
Mor, bakade, lagade, rensade
vi också
lagade, rensade, snoppade jordgubbar
stekte ägg innan åskan mullrade
och i regnet sprang far naken
runt det lilla huset, skrattande systerystrade vi glada
där då, somrar som aldrig tog slut det var de långa, längsta
barndomar, barnbarns, barnbarnbarns minnen
lätta att bära och lyfta som barngungor
dit kan vi drömma
Hit
återkommer jag på riktigt i mörka nattens dröm
vaknar, klokstark regnbågsrik

Solstrålarna, de där som alltid lyser upp mitt liv

Hur den ena såg ut som ett vackert sjödjur från havet när han lyftes upp framför mig som det vackraste jag sett, någonsin. Hur han lyste så ädel i min famn när en orangeröd sol gick ner utanför fönstret och jag viskade hans namn med en slags rytm jag kom på då, första gången. Och hon det vackra livet som kom med styrka och drama, som sedan tittade på oss tyst med kloka, varma ögon. Vad heter du? Var kommer du ifrån du?

Nu var vi tre mot världen.
Nu kunde jag resa mig och gå, fast jag ville så gärna stanna men ni vet när nordanvinden säger gå, så ska det ske.
Hur livet med er var stolthet på gränsen till högmod.
Trodde jag kunde klara allt studera, arbeta, dansa, läsa saga, laga mat, bära möbler, leka i parken, vara god mor, dotter, vara syster och moster och fan och hans moster.

Bli kär, kanske finna en slags pappa åt er och vän till mig.

Då skrev jag,
ni går på mina nerver men ni era stackare kan ju
inte rå för att jag lagt ut
dem som mattor…….

Varje morgon var det lika underbart att se era fina ögon vakna, varje morgon lika smärtsamt att skiljas för jobb och skola men så är ju livet på jorden.

Tänk att vara hemma, lyxhustru, det var den dolda drömmen.
Nej, drömmen var någon annat, en dröm om en stor familj,
vänner och konst minns inte riktigt, störst var det bara att finnas
med er med lena nervtrådar på persiska mattor, Kelim och
Wilton, faster Dagmars hemvävda mattor...

Så var det ju tvätten och arbete, oro för pengar men alltid en
ny dag med er, som lyste upp varje morgon.

Längre fram kom barn nr 3 den milda magiska,
Solstrålarna fortsatte att lysa mot silkesmattor
och det var fortfarande tvätten,
jobbet och lite mer konst nu
mindre oro om allt jordiskt.

Balansen mellan nu och då
Mellan drömmar och verklighet
Och det går bra tänker jag ändå för oss
för er, både här och där trots
högmod, fall och märkliga mattor.

Ensam

Min pappa sa en gång
Ingen behöver vara ensam
var bara lite ödmjuk så har du alltid vänner
Han pratade också mycket
vissa retade sig i stunden.
Han var för det mesta glad men
då och då utnyttjades hans generositet
De var de som inte förstod
givandets gåva
men de gav inga tydliga spår i hans ansikte

Han var en enkel grabb från
norra sidan av sjön som flyttat till den södra
Nöjd med sitt liv ända in i den sista stunden

Han hade tre döttrar och en massa barnbarn
De gick ju bra för dem, döttrarna och ingen var ensam längre

Varför kunde inte jag skriva

som en stor och viktig poet om orättvisor i världen
få mig själv och andra att tänka och agera
Finna ord som vände blickar till sådant som behövde ses
och göras om
Uppmuntra folk att samlas i grupp och famna styrkan i de
solidariska
Skulle vilja få ord att lyfta och med milda vingar tränga in där
hos de som tror att ensam är stark och en stor summa pengar på
banken löser allt
Skulle vilja bidra till samhällsmammans röst, den som fostrar
flickor, och gossar milt och varmt innan de blir
grova mansdjur som livnär sig på falska livsdrömmar och förför
med bankernas lånelöften
Få dem att se vad de gör, de som struntar i naturens regler om
jämvikt och balans
Peka på de troll som fegt roffat åt sig uppmärksamhet i de
ensamma vargarnas grupper
Påvisa, de som skriver och talar om ett samhälle de själva svek
när de öppnade munnen
De som återkommande kränker de solidariskt, kärleksfulla så de
nästan tappar farten och lusten
Vill skriva om att det är härligt och fint att inte döma mänsklig
svaghet, att empati borde vara grunden i religion och politik

Skulle skriva om samhällsmödrar som överröstar landsfäder och
se dessa fäder hålla tyst en stund då de
begravt prestige och så kallad heder

Heder och ära, vems heder och ära pratar vi om?
Utan konkurrens inga framsteg, sa de
Trots det gick vi bara baklänges?

Läs din världshistoria broder och syster, 68 till 86, jag såg det
med egna ögon. Samförstånd och befrielsepolitik, då när
framsteg mättes i humana mått
Nej, jag kan inte skriva de dikterna

Jag skriver istället, allt som oftast
om kärlek med mormors ord som botten
De hon broderat med röda bokstäver på vitt tyg

Enighet i stort
Frihet i smått
Kärlek i allt

Nationaldagsblues

När kriget är för nära
för mig som är född i trygghetens
blågula vagga
och minnen av förlorade drömmar
känns tunga att bära
då fyller jag mina rum
med bluesens blåa sken
strange fruit are hanging
sjöng hon, modigt och
Billie Holidays röst klingar
vackrare än någonsin
Då hör jag något som inte talar så högt
den fina rösten överröstar försiktigt
hoppas igen genom på de tonerna
som genom bruset viskar mjukt

Det ordnar sig ska vi tro igen
i den ruttna tiden
lyssna tyst, gunga
den röda, gula eller blå
vaggan
där de vilar, de små och
stora barnen, här och där
krigen faktiskt pågår

Rotpoesi

Tid för
självet
tankens
löst spridda
oformaterade
reflektion
himlen och
syret
harmonierar
med
alla luftburna
organ

Rotpoesi 2

Att utan direkt anledning
känna tacksamhet och frid
det är något märkligt ovant med det
fråga sig, hur mår jag?
Bra faktiskt, som att be om ursäkt
för det inte fanns någon direkt anledning
världen är ur led, onda vindar blåser
stora fiskar dör av plastpåsar i magen
Barn skickas tillbaka till länder de aldrig varit i
strider jag stred är till hälften vunna
vissa drömmar är levda och
några borta för alltid, förlorade
några finns kvar att utveckla
men humorn är kvar och till viss del självdistansen
Ställa sig en stund och finnas
under himlens vackraste färger
förtrollad av att det räcker
förtjusad av färgerna och tystnaden
En del kallar det mindfulness
Jag kallar det ro i land, stanna lite
vid sin egen ordlösa strand och bara le

fast jag frös och var lite
kissnödig

Teckning: Leith Abbas

Konstiga saker jag minns de sa

Första killen jag inte blev ihop med, sa
jag måste få säga detta, förra året när du stod i matkön
hade du finnar och trassligt hår, mådde nästan illa
när jag såg dig
men nu är du ju riktigt söt

Andra killen jag inte blev ihop med för att jag
hade för tjocka ben, tror jag det var
Han ville alltid vara min vän men
vågade aldrig närma sig längre än så
Brukade senare i livet idealisera mig och använda
min förträfflighet mot sin tjej när de grälade

Första killen som blev min egen.
upprepade
Jag älskar dig, jag älskar dig,
Varför älskar du inte mig? Jo det gör jag.
Varför älskar du inte mig? Varför älskar du inte mig?
 Varför älskar du inte mig?
Jag går nu sa jag

Min andra man, han ville vara romantisk och sa andäktigt på
restaurang. Du, vad vacker du är
så här framför mig nu när då målat dig och ansträngt dig lite?
Jag svarade tack, lite blygt, han fortsatte

joo men, jag menar det, jag skrattade till och sa tack och log
stort, Han nästan skrek, le inte
Då log jag inte mer, bara inombords

Fjärde mannen sa inte mycket alls om något
Jag frågade honom långt efter uppbrottet
då jag lämnat honom på puben för sista gången
Var jag din stora kärlek? Han svarade efter en lång stund
Min stora kärlek i livet var nog, det är nog
Shirley MacLaine faktiskt
Jag som hade… näe, den stora illusionen sprack
som en såpbubbla, skön och äntligen fri blev jag

Femte fotade mig
ofta och länge, han sa, med inlevelse
Du har så otroligt vackra ögon, ojoj vad fina de är
för jag gillar det där galna isblå otäcka i dem nämligen
lång paus…

Sjätte sa, tyckte du jag
var fin igår på festen? Ja det var du
Hur såg jag ut då, undrade jag. Får jag återkomma med svaret
om en vecka. Vill välja orden rätt, sa han
Tålamod, slut
Lärde honom skriva dikt, välj vardagsord med rytm
så kom där en dikt om henne, innan mig

Så var det han med musiken från havet
med alla de tomma gesterna, där kom orden, du sjunger mycket
finare än hon på radion
Din röst har mer djup och bredd, det var det sista han sa
Ville väl ge mig något fint ändå, det tror jag bestämt

Jag sjöng för en man häromkvällen
han citerade en Kim Larsen låt
"hon sjöng en sång så varmt och starkt,
hon fick mig att gråta, jag vet ej varför"
Det sades i en positiv ton, han väljer alltid sina ord
med omsorg och jag känner

att jag börjat med det, jag också

Expertis

Att
sköljas med
i stormen
är farligt
dumt och
lite spännande
Men det går
att förutse och
väljas bort
Att undvika
underströmmar
där krävs mer expertis

Personlighetsdrag och störningar i de naivas världsbild

Jag har en verklig vän nu
En sannare än du
Du kommer inte nära mig igen även om du räckte mig din
hand, även om du stod framför mig lika som då

Jag är lyckligare nu och helheten närmar sig
En vän, en älskad, en ärlig människa
kom till mig och mörkret i mig rann bort
Hans äkta värme och leende ögon
Hela hans persona läker min själ
Min vilja att välja har dödat varje droppe av tvivel

Jag gråter nu, bara på tisdagar en liten stund efter tio
över mig och alla de rara naiva

Hoppas ingen står i din väg när du går
Hoppas ingen lyfter upp dig när du landar
Att du stannar i ditt hav av tvivel och flykt
Att du möter dig själv någon dag
Alla behöver dröja och tänka en stund i sin ensamhet
Se på riktigt, hur det blir för de som blir kvar på din
väg genom landet

Vi går vidare men Narcissus, du tomma skal
kommer spricka en dag
och lösas upp i ditt ensamma hav

Det perfekta

Tänker på att jag
som är lite på
alltid måste träffa
män som ibland är lite av
fast det finns ju inga
genvägar
till det perfekta ljudet

Till de älskande

vill jag säga och jag
skriver i jagform
för det är enklare så
det kan varit du
sätt mig inte på
piedestal
när jag faller blir
fallet så tungt och
du gör dig illa
ifall jag landar på dig
låt oss sitta på lika
låga mjuka fåtöljer
där syner inte grumlas
se i ögon och lyssna stort
tala om det där vi alltid
borde tala om
de där
samtalen som
så mjukt når fram
på piedestal
är så ensamt, kallt
de älskande överlever
inte i kyla

Mjukt över berget

Det rördes upp
stoft på vägar vi gått på förut
i dagar och nätter, dimman gled sakta
och mjukt över berget, något oförklarat vackert
vilade i den fuktiga dimman och stoft blev sand

Vem var det som byggde drömmar
av sand mellan fingrar?

Någon lyfte på stenar och öppnade portar
innan de stängdes igen

På glänt stod något öppet och slog i vinden

Oförklarligt lätta och i förbifarten tunga
är dagar och nätter vid dimmornas berg

Rent och fint

Försöker skriva den där sista dikten
Den, som ska lägga allt tillrätta
om att det var stort och varmt, när ögon brann
Att våra dagar av skum var nog för ett liv
Att våra minnen ska glimma för alltid, vid berget
vägarna och sjön
Formulera om och blötlägga, ta bort de fula
dränka det i vattenspegel en disig kväll utan fallande stjärnor

Ingen ska störa sig

Känslor ska upplösas som fläckar på vita lakan
manglas bort och läggas rena i skåp med malmedel

Men det som kommer är trötthet, när jag ser oss alla
i dröm och verklighet
Du med sången om rosor och akvileja, och rytmer
likt vågor mot en strand
Hon den goda, vackra med dikter som brann av sorg och ilska
följt av tystnad och bortagna stenar från våra glasade växthus

Den sista dikten är sparad nu och jag ska luta
mig tillbaka med varm kamomill
i en kopp dit stormar inte når

Där är du ju

Hjärtats patient sal 3.
Anna, Hanna, Johanna
Vad har nu dem figurerna
med saken att göra
Hur är det min vackra vän?

Hjärtat som bultar för vänner och kära
Det stora, varma, hjärtats röst som sjunger med lite finsk botten
Du skämtar, jag skämtade om bortappade hjärtan och alldeles
för många triviala tankar, hit och dit

Guldfiskar i skålar som föds och byter ägare och
jag fick en ny glädjefull vän
Fiskar, och vi som irrar runt, runt i skålar och rum,
det är nog så viktigt, säger du
Livet menar du, är fyllt av sådana små saker
De laddas ibland med det vackraste, svårare är det inte
Det är bara att se det, välja att se skönheten i det

Där står då, doktor Anna och säger med glad röst.
Si och så och sedan gör vi det och då kan det bli…..
Det blir bra, tack
Kort efter i dörren står AT doktor Hanna, hej så blir det si och så
och sedan gör vi det och då blir det så och metroooropolo, ska
tas alltså propolo metro pro

Haha svårt ord, skrattar Hanna, snart kommer rara syster
Johanna tänker vi, och det gör hon

Det är som en opera, Metro Propopolooo
Eller är det en, spring i dörrarna fars?
Det triviala och det viktigaste,
sida vid sida
Humor och glädjetårar.
Det är livet, nu och här
Kära hjärtanes så är det ju
Kära, varma söstra mi

Surrealism

Att liksom leva sant är rätt men
vara sig själv och vara sann
mot alla andra hur kan hen det?
Sanningen är en för mig
och något annat för dem
De falska kanske ett för mig
och något annat för dig, är det perspektiv som
vänder sig som i en sådär omöjlig bild
gjord av Eicher, det liksom stämmer men ändå inte

när ögat vandrar runt bättre stanna vid en
bit i taget och vila där, fina är dem de där
Eichers bilder där trappor vänder och
viker sig, i till synes omöjliga steg och fascinerande
de liksom kräver att man ger upp, att man bara tar in det som
de är utan logik och kontroll
Spår du ser

Spår av dina och andras fantasier och drömmar du bör ta ut
svängen
och hoppa över vissa ställen det är min uppmaning
det är ologiskt ibland men ingens fel
som livet självt

Kisa

Det finns så mycket ljust och glatt
i vardagen som inte syns
kisa, brukar jag säga till eleverna
när de ska teckna ljus och
mörker titta suddigt genom
ögonfransarna förtydligar
jag, då de är med på noterna
då blir det tydligare, var det är ljust och mörkt

Jag kan ibland fokusera på
detaljer i livet, stirra mig blind
på saker som känns så viktiga just då
Gick i trappan på jobbet
och såg i ögonvrån liksom så där nästan
kisande, hur kollegorna glittrade där i
den långa korridorens motljus, så fina de är mina
arbetskamrater, tänkte jag, så mycket glädje de sprider
hur alla strävar att
skingra mörker av många slag, jaa, lyser gör de, tänkte jag

Det ska jag inte glömma
försöka skriva om det
sa jag tyst, för att inte glömma

Presens

Kom till min trädgård, mina barn
vi kan låta tiden gå långsamt här
jag är närmast, liksom på tur
Vi lever i presens
ni ungar, vi ska känna i presens också
planera, drömma stort och mycket
Vår far gick dit, och de andra gamla fina

Vi ska prata om de som fanns, som om de finns
jag vet att de älskar det, höra om sig

Fars enkla ord när det var dags
var inte ledsen, kära du, sa han, det är livets gång
lät sig fotograferas med oss, med glädje in i det sista

Jag drömmer för er och mig, men jag vandrar saktare
luktar, lyssnar, smakar på presens

I min trädgård ska ni få känna att tiden går långsamt att den
nästan står still
Kom när ni vill det är ingen
brådska med något och jag menar det på riktigt för
pappas trädgård finns fortfarande i presens inom oss alla

Tysta

är vad vi är
när höstens kalla vindar blåser
jag behöver vara med mig

för att vara med dig
fina är vi på avstånd
lika som när vi är nära
där de renaste dofterna bor

där de verkliga drömmarna gror
där det salta strös över läkta sår
där den milda drycken och
sången når våra sinnen
och tar oss dit där det inte ropas
inte ens viskas en enstaka stavelse
tyst ska namnen ljuda ända till de
gnistrande stjärnorna
på den mörkaste natthimlen

Målning: Krister Blixt

Affirmation

Kastar och rensar idag, i min historia
Vi lever våra oformaterade liv, där tankar kommer och går
och själen bär på otydliga minnen, glada, härliga, fina, fula
Vissa minnen är mer påtagliga än andra, plågsamma
envetet, pockande på uppmärksamhet
Svåra att bli av med

De där som i en tid var så betydelsefulla
Det som en gång var menat som vackert och viktigt blev
plågsamt och dröjer kvar, tänker att längre fram och jag nästan
vet det blir just de triviala händelser, likt askan i järnspisen
något att sopa bort

Jag öppnar alla fönster och vädrar
Låter solen komma in och sprida ljus i rummen
Gör det idag, för idag, är det en sådan dag

Då det fula är så blekt att det nästan inte funnits och
alla misstag är förlåtna och haft en mening
För minnen och tankar är en lekstuga för själen på gott och ont
Själen ville ha tid, rum och äkthet
Rena ytor, jag rensar nu det mesta tänker jag

Lägger mig ner sedan och blir katten som spinner vidare och
väntar in allt den behöver till nästa sida i historien

Åka dit

Du och jag med film
och stilla samtal
Några var glada
Vissa hade knäppa karaktärer och realism
och så kom den där finaste

på gården sent en kväll
i kramen men nu
så nära som det bara går
liten fjäril mitt i vintern
värme
stilla sommarregn
doft av humle

Löften kom och
ögon log
hej där och vi ses igen

På vägen hem
högt, men tyst jag sjöng
det var så visst och sant
att jag
åkt dit igen

Du

Första gången såg jag dig med mina ögon
Andra, såg jag bilden jag gjort av dig
Tredje, började jag se dig på riktigt
Efter det slöt jag mina ögon och började
lyssna istället
Då kom genom våra
örons gångar, ett milt sus som inte tog slut

Fjäril

Lätta fina pärlor
av värmen på mitt ansikte
fingrar varsamt på min hud
nuddar subtilt det sköraste
tankar som gjort ont
bleknar
De söta och salta
blandas
som i en natt
med sommarljus
blandas de med fukten i dimmor
Lätta blir trådar av minnen i
andras vävar
Du
lyfter milt med len rörelse
som fjärilsvingar
i en hand
och nästan omärkbart
lättar vi
de tyngsta nu
glömda

Skriva

Poeter skriver ofta för många ord
ord som för ofta sätter en lupp på något osagt
bryter ner och förstorar upp
ord går fortare än det levda livet
Livet går inte i repris det pågår nu, nyss

Ord luras, missförstås, ord är ödesdigra
men de ligger där på insidans yta, skaver, retas och stör
ibland träffar de så rätt finaste vännen min
när de väljs med kärleksfull omsorg

vackert uppdukat, eller lagom vardagligt
men med ädel omsorg att förtäras rätt

Mina ord vill inte hamna i vrångstrupen
där de stör de viktiga luftvägarna
Luft att andas är de finaste jag vill ge dig
ser hur vi rusar fram och står i vägen för varandra

Alla dessa ord i hjärnans vindlar som jag vill få ut
men inte på er
Jag vill nog störa ut dem
jag vill leva enkelt bara, en långsam stund nära er

Magipoesi

Nu mina vänner vill jag ge er receptet på
äkta magi
jo sådant som trolleri kan det vara
men vänta nu och lyssna, det finns överallt

Äkta stor magi sker härinne och därinne och där
När du, vi stannar upp och ärligt lyssnar
känner, hör, lyssnar med våra ärligaste jag
Berörs för att du vågade eller äntligen öppnade ögonen, öronen,
kroppen på riktigt
Något du kanske inte visste du hade
inom dig då eller någonsin
De som säljer, annonserar, ropar ut
Kom det blir en magisk afton, de drar på, med strålkastare och
stråkar, de åker skridskor och låter sina bästa röster sjunga ut
och avslutar med något slags fyrverkeri, hysteri
Jo det kan fungera om du var där och behövde den flykten
eller så smakade det ingenting och gav dålig eftersmak

Nej äkta magi min vän kommer när du vågar tro, hoppas och
längtar efter livets salt
Skön och omtumlande äkta magi
så där så du blir överraskad
Oväntad är den
Du ska inte glömma den stunden
Förstår du nu magins kraft?

En stund på jorden som höjde dig till de odödliga kort och
intensivt som omöjlig, möjlig passion
Möt den med någon och ni mister inte upplevelsen, då krävs
stora svek och även då är det svårt att mista känslan

Magin delad är det riktiga, viktiga, omätbara
Vill du bära vår magi i vårt gemensamma bygge?

Nå, vad pratar jag om
Är det akt av kärlek, en religiös eufori
En dag i konstnärens trädgård
Den stund du såg efterlängtat rent vatten i brunnarna hos dem
som aldrig haft just
rent vatten
Är det en konsert med musik du längtat
Ett nyfött barn i din famn
En perfekt passning som landar i mål

Ett möte med ett vilt djur som efter ett ögonkast hastigt
försvinner i skogen
Vilket som, kära människa spara dem i din persona, du kommer
behöva minnen av de magiska stunderna, när du svartsynt
undrar över livets mening, då när de till synes ändlösa, vanliga
vardagarna kommer då när du gör det du måste
med din goda ambition för du vet
att gör du inget, blir det ingen mat på
bordet och inget, inget att se fram emot

Receptet min vän, släng ut minnet av det du visste om magi

Stanna upp, bli som ett
barn som aldrig sett någon göra någon illa

Tro, hoppas, var där i nuet och tvinga dig inte till något,
var trygg i förvisningen att det finns där när
du slängt bort all prestige och kontroll

Du får inte oändligt många magiska stunder i livet så var rädd
om dem du får

Magiska stunder är inte förbrukningsvaror
de går inte att köpa och vill inte bo i lådor

They are out of the box, men
sök inte för hårt, då glider de bort

Var glad och njut av att längta, tills nästa gång
ett vilt djur ser dig i ögonen i skogen

fb: Huset Det Gröna

Hästholmen, Ödeshög 2019

Kontakt: 073-1502103